Die Erfindung
der Tempelritter

Gefolge, Orden und Schutz

Eine Betrachtung

von

Lutz Spilker

Der offizielle Name lautet:

Arme Ritterschaft Christi und des salomonischen Tempels zu Jerusalem.

Diese Bezeichnung ist für den allgemeinen Sprachgebrauch jedoch nicht geeignet, warum sich Begriffe wie, Tempelritter, Templer oder auch Kreuzritter durchgesetzt haben.

DIE ERFINDUNG DER TEMPELRITTER – GEFOLGE, ORDEN UND SCHUTZ

Bibliografische Information der Deutschen Nationalbibliothek:
Die Deutsche Nationalbibliothek verzeichnet diese Publikation in der Deutschen Nationalbibliografie; detaillierte bibliografische Daten sind im Internet über http://dnb.dnb.de abrufbar.

Softcover ISBN: 978-3-384-21611-3
Ebook ISBN: 978-3-384-21612-0

© 2023 by Lutz Spilker
Druck und Distribution im Auftrag des Autors:
tradition GmbH, An der Strusbek 10, 22926 Ahrensburg, Germany

Die im Buch verwendeten Grafiken entsprechen den Nutzungsbestimmungen der Creative-Commons-Lizenzen (CC).

Inhalt

Umgürte dich und stelle dich zum Kampf!

Bernhard von Clairvaux

Der heilige Bernhard von Clairvaux (* um 1090 auf Burg Fontaine-lès-Dijon bei Dijon; † 20. August 1153 in Clairvaux bei Troyes), latinisiert Sanctus Bernardus, war ein mittelalterlicher Abt, Kreuzzugsprediger, Kirchenlehrer und frühscholastischer Mystiker. Er schrieb die Statuten der Tempelritter.

Vorwort

Die Geschichte der Tempelritter fasziniert seit Jahrhunderten die Menschheit. In diesem Buch, mit dem provokanten Titel ›Die Erfindung der Tempelritter‹, tauchen wir in die Tiefen dieses fesselnden Kapitels der Vergangenheit ein.

Der Begriff ›Erfindung‹ mag auf den ersten Blick befremdlich wirken, aber er soll keineswegs die historische Existenz der Tempelritter in Frage stellen. Vielmehr legt er den Fokus auf die vielschichtigen Interpretationen, Legenden und Narrative, die im Laufe der Zeit um diese geheimnisvolle Gruppierung gesponnen wurden.

Die Tempelritter, 1119 gegründet, entstanden in einer Ära des Umbruchs und spielten eine bedeutende Rolle in den Kreuzzügen. Ihr ursprünglicher Zweck war es, Pilgern Schutz auf dem Weg ins Heilige Land zu bieten. Doch im Laufe der Zeit wuchsen sie zu einer der mächtigsten und geheimnisvollsten Organisationen des Mittelalters heran. Ihr Emblem, der Rote Kreuzritter, wurde zum Symbol für Tapferkeit und spirituelle Hingabe.

Dieses Buch wirft einen analytischen Blick auf die Entwicklungen, Mythen und Legenden, die die Tempelritter umgeben. Von ihren Anfängen als Wächter der Pilger bis zu ihrer abrupten Auflösung im 14. Jahrhundert verfolgen wir ihre Spuren durch die Seiten der Geschichte. Dabei beleuchten wir auch die Fragen, die bis heute die Gemüter bewegen: Welche Rolle spielten die Tempelritter tatsächlich in den Kreuzzügen? Welche Machtstrukturen und Geheimnisse verbargen sich hinter ihrer Fassade?

Um die ›Erfindung‹ der Tempelritter zu verstehen, müssen wir uns den unterschiedlichen historischen Quellen und den daraus resultierenden Interpretationen widmen. Durch eine wissenschaftliche Herangehensweise versuchen wir, die Fakten von den Fiktionen zu trennen und ein nuanciertes Bild dieser faszinierenden Bruderschaft zu zeichnen.

Dieses Buch ist nicht nur eine Reise durch die Geschichte der Tempelritter, sondern auch eine Reflexion darüber, wie Menschen im Laufe der Zeit kulturelle Symbole formen, neu interpretieren und mit Bedeutung aufladen. Es lädt den Leser ein, die Tempelritter nicht nur als historische Akteure, sondern auch als kulturelles Phänomen zu begreifen, das bis heute unsere Vorstellung von Ritterlichkeit, Spiritualität und Geheimnissen prägt.

Möge dieses Werk dazu beitragen, das Licht der Erkenntnis auf die Geschichte der Tempelritter zu lenken und gleichzeitig die vielschichtigen Schichten ihrer ›Erfindung‹ zu enthüllen.

Die Wurzeln der Tempelritter: Aufstieg eines legendären Ordens

Der Ursprung der Tempelritter liegt tief in den Wirren des 12. Jahrhunderts, einer Zeit intensiver religiöser Pilgerschaften und militärischer Konflikte im Heiligen Land. Um die Wende zum 12. Jahrhundert hin begannen europäische Pilger vermehrt, Jerusalem zu besuchen, das als heilige Stadt für Christen, Juden und Muslime gleichermaßen von großer Bedeutung war. Doch die Sicherheit der Pilger war nicht gewährleistet, da das Heilige Land von politischen und militärischen Auseinandersetzungen zerrissen war.

Die Anfänge des Ordens:
Humbles Beginn

Um den Schutz der Pilger zu gewährleisten und ihnen bei ihrer gefährlichen Reise zu helfen, entstand eine bescheidene Bruderschaft von Rittern und Mönchen. Diese Männer widmeten sich der Verteidigung der Pilgerwege und der Pflege verletzter oder bedürftiger Reisender. Unterstützt von der Kirche und den Adligen begannen sie, sich zu organisieren und formelle Strukturen zu schaffen.

Die Gründung des Ordens:
Ein königlicher Segen

Im Jahr 1119 erhielten die Gründer des Ordens, darunter Hugues de Payens und Gottfried von Saint-Omer, offiziell die Anerkennung und den Segen des Königs von Jerusalem, Balduin II. Die Bruderschaft wurde als der Orden der Arme Ritterschaft Christi und des salomonischen Tempels zu Jerusalem gegründet, mit dem Ziel, die Sicherheit der Pilger zu gewährleisten und die Verteidigung des Heiligen Landes zu unterstützen.

Die Regeln des Ordens:
Ein strenges Gelübde

Die Mitglieder des Templerordens legten ein strenges Gelübde der Armut, Keuschheit und des Gehorsams ab, das sie von weltlichen Besitztümern und weltlichen Beziehungen trennte. Sie lebten nach den Regeln des Zisterzienserordens, einem strengen monastischen Lebensstil, der Disziplin und Selbstverleugnung erforderte.

Die Mission des Ordens:
Ein heiliger Auftrag

Die Tempelritter sahen sich als die Ritter Christi und betrachteten ihre Mission als heiligen Auftrag. Sie verpflichteten sich, die christlichen Werte zu verteidigen und die Feinde des Glaubens zu bekämpfen. Ihr Einsatz erstreckte sich über die Verteidigung der Pilgerwege hinaus und umfasste auch die Teilnahme an den Kreuzzügen und anderen militärischen Aktionen im Heiligen Land.

Das Erbe der Tempelritter:
Ein Vermächtnis der Tapferkeit

Die Gründung des Templerordens markierte den Beginn einer Ära des Rittertums und der religiösen Militanz im Heiligen Land. Die Tapferkeit und Entschlossenheit der Tempelritter wurden schnell legendär und trugen dazu bei, ihren Ruf als die Elitekrieger des Christentums zu festigen. Ihr Erbe lebt bis heute in den Legenden und Geschichten fort, die von ihrer unerschütterlichen Hingabe an ihren heiligen Auftrag zeugen.

Die Pioniere des Templerordens: Hugues de Payens und Gottfried von Saint-Omer

Im frühen 12. Jahrhundert, während der Blütezeit der Kreuzzüge, trafen sich zwei bemerkenswerte Männer in den Wirren des Heiligen Landes: Hugues de Payens und Gottfried von Saint-Omer. Diese beiden französischen Ritter, von einer gemeinsamen Vision beseelt, sollten die Grundlage für einen der legendärsten Orden des Mittelalters legen: den Tempelritterorden.

Eine gemeinsame Vision

Hugues de Payens und Gottfried von Saint-Omer teilten eine tiefe Besorgnis um die Sicherheit der Pilger, die sich auf gefährlichen Reisen ins Heilige Land begaben. Inspiriert von ihrem Glauben und ihrem Ritterideal, entschlossen sie sich, eine Bruderschaft zu gründen, die dem Schutz der Pilger und der Verteidigung des Heiligen Landes gewidmet war.

Die Begegnung mit König Balduin II.

Ihre Vision fand Gehör beim König von Jerusalem, Balduin II., der von ihrer Entschlossenheit und ihrem Engagement beeindruckt war. Er gewährte ihnen die Erlaubnis, ihren Orden zu gründen, und unterstützte ihre Bemühungen aktiv.

Die päpstliche Anerkennung

Die Gründung des Tempelritterordens erhielt auch die formelle Anerkennung durch die Kirche. Papst Honorius II. bestätigte offiziell die Gründung des Ordens im Jahr 1129 und gewährte ihm besondere Privilegien und Schutzrechte.

Die Umsetzung der Ideale

Unter der Führung von Hugues de Payens und Gottfried von Saint-Omer wurden die Ideale des Tempelritterordens in die Tat umgesetzt. Die Mitglieder des Ordens legten ein strenges Gelübde der Armut, Keuschheit und des Gehorsams ab und widmeten sich dem Dienst an Gott und der Verteidigung der Christenheit.

Ein neuer Orden entsteht

Die Gründung des Tempelritterordens durch Hugues de Payens und Gottfried von Saint-Omer markiert den Beginn einer neuen Ära des Rittertums und der religiösen Militanz im Heiligen Land. Ihr Mut und ihre Entschlossenheit sollten den Weg für eine der einflussreichsten und legendärsten Institutionen des Mittelalters ebnen.

Die Struktur und Organisation der Tempelritter

Der Tempelritterorden, gegründet im 12. Jahrhundert, war nicht nur eine militärische Organisation, sondern auch eine komplexe und gut strukturierte Institution mit klaren Hierarchien und Regeln. Die Organisation des Ordens war entscheidend für seine Effektivität und seine Fähigkeit, seine Missionen im Heiligen Land erfolgreich auszuführen.

Die Hierarchie des Ordens

Die Struktur der Tempelritter war hierarchisch organisiert, wobei der Großmeister an der Spitze stand. Der Großmeister war der oberste Führer des Ordens und hatte die Autorität, alle Entscheidungen zu treffen und Befehle zu erteilen. Unter dem Großmeister standen die Komture, die die verschiedenen Komtureien oder Niederlassungen des Ordens leiteten. Die Komture waren verantwortlich für die Verwaltung der Güter und die Organisation der Ritter in ihren jeweiligen Gebieten.

Die Ritterbrüder

Die Ritterbrüder bildeten die Kerntruppe des Ordens und waren für die militärischen Operationen verantwortlich. Sie waren hochtrainierte Krieger, die sich dem Schutz der Pilgerwege und der Verteidigung des Heiligen Landes verschrieben hatten. Die Ritterbrüder legten ein strenges Gelübde der Armut, Keuschheit und des Gehorsams ab und lebten nach den Regeln des Zisterzienserordens.

Die Verwaltung und Finanzen

Die Verwaltung des Ordens und seiner Besitztümer war ebenfalls gut organisiert. Jede Komturei hatte einen Verwalter, der für die Verwaltung der Finanzen und Güter verantwortlich war. Die Finanzierung des Ordens erfolgte hauptsächlich durch Spenden und Schenkungen wohlhabender Adliger und Kirchenfürsten, sowie durch Einkünfte aus Landbesitz und anderen wirtschaftlichen Unternehmungen.

Die Rekrutierung und Ausbildung

Die Rekrutierung neuer Mitglieder in den Tempelritterorden war ein sorgfältiger Prozess. Junge Männer, die dem Orden beitreten wollten, mussten strenge Prüfungen bestehen und ein intensives Training durchlaufen, um zu beweisen, dass sie würdig waren, Ritterbrüder zu werden. Die Ausbildung umfasste nicht nur militärische Fähigkeiten, sondern auch religiöse Studien und moralische Erziehung.

Die Netzwerke und Beziehungen

Der Tempelritterorden unterhielt enge Beziehungen zu anderen Ritterorden, Kirchen und weltlichen Herrschern. Diese Netzwerke waren entscheidend für die Unterstützung des Ordens und seine Fähigkeit, seine Missionen im Heiligen Land erfolgreich durchzuführen. Sie ermöglichten es den Templern auch, Zugang zu Ressourcen und Informationen zu erhalten, die für ihre Arbeit von entscheidender Bedeutung waren.

Die Struktur und Organisation des Tempelritterordens waren entscheidend für seinen Erfolg und seine langfristige Beständigkeit. Ihre klaren Hierarchien, effektive Verwaltung und gut etablierten Netzwerke trugen dazu bei, dass der Orden eine der einflussreichsten und mächtigsten Institutionen des Mittelalters wurde.

Die Teilnahme der Tempelritter an den Kreuzzügen

Die Kreuzzüge waren eine Reihe von religiösen und militärischen Expeditionen, die von christlichen Königreichen und Orden unternommen wurden, um das Heilige Land zu erobern und zu verteidigen. Die Tempelritter spielten eine herausragende Rolle in diesen Kreuzzügen und trugen maßgeblich dazu bei, die christliche Präsenz im Heiligen Land zu stärken und zu verteidigen.

Die Gründe für die Teilnahme der Tempelritter

Die Tempelritter fühlten sich moralisch und religiös verpflichtet, an den Kreuzzügen teilzunehmen. Sie sahen es als ihre heilige Pflicht an, das Heilige Land von den ›Ungläubigen‹ zu befreien und die Pilgerwege für die christlichen Pilger sicher zu machen. Darüber hinaus sahen sie die Kreuzzüge als eine Möglichkeit, Ruhm und Ehre im Dienste Gottes zu erlangen.

Die militärischen Fähigkeiten der Tempelritter

Die Tempelritter waren hochtrainierte und erfahrene Krieger, die für ihre Tapferkeit und Kampfkraft bekannt waren. Sie waren in der Lage, sowohl in offener Feldschlacht als auch in Belagerungssituationen zu kämpfen und waren oft die Elitekrieger in den christlichen Armeen während der Kreuzzüge.

Die Schlachten und Belagerungen

Die Tempelritter nahmen an zahlreichen Schlachten und Belagerungen während der Kreuzzüge teil. Sie kämpften an vorderster Front und spielten eine entscheidende Rolle bei der Eroberung und Verteidigung wichtiger Städte und Festungen im Heiligen Land, darunter Jerusalem, Akkon und Antiochia.

Die Diplomatie und politische Arbeit

Neben ihren militärischen Aktivitäten waren die Tempelritter auch in diplomatischen und politischen Angelegenheiten während der Kreuzzüge involviert. Sie pflegten enge Beziehungen zu anderen christlichen Herrschern und Ritterorden und arbeiteten oft eng mit ihnen zusammen, um gemeinsame Ziele zu erreichen.

Das Vermächtnis der Tempelritter in den Kreuzzügen

Die Teilnahme der Tempelritter an den Kreuzzügen hinterließ ein bleibendes Vermächtnis in der Geschichte des Mittelalters. Ihr Mut, ihre Entschlossenheit und ihre Opferbereitschaft trugen maßgeblich dazu bei, die christliche Präsenz im Heiligen Land zu erhalten und die Grenzen des christlichen Europas zu verteidigen. Ihr Beitrag zu den Kreuzzügen wird noch heute als Beispiel für Tapferkeit und Opferbereitschaft betrachtet.

Schlüsselmomente in der Geschichte der Tempelritter während der Kreuzzüge

Die Kreuzzüge, eine Reihe von religiösen und militärischen Expeditionen, die das Heilige Land erobern und verteidigen sollten, markierten eine entscheidende Ära in der Geschichte der Tempelritter. Während dieser Zeit erlebte der Orden eine Reihe von Schlüsselmomenten, die sein Schicksal und das Schicksal des Heiligen Landes prägten.

Die Gründung des Ordens und die erste Kreuzzugswelle

Der Tempelritterorden wurde gegründet, um die Sicherheit der Pilgerwege im Heiligen Land zu gewährleisten, und seine Mitglieder nahmen aktiv am ersten Kreuzzug teil, der im Jahr 1096 begann. Während dieser Zeit bewährten sich die Tempelritter in zahlreichen Schlachten und erwarben sich den Ruf als tapfere und furchtlose Krieger.

Die Eroberung von Jerusalem und die Errichtung des Königreichs

Ein Höhepunkt in der Geschichte der Tempelritter war zweifellos die Eroberung von Jerusalem im Jahr 1099 während des ersten Kreuzzugs. Die Tempelritter spielten eine entscheidende Rolle bei der Einnahme der Stadt und waren maßgeblich daran beteiligt, die Herrschaft des christlichen Königreichs Jerusalem zu etablieren.

Die Verteidigung von Akkon und anderen wichtigen Städten

Während der folgenden Kreuzzüge spielten die Tempelritter eine Schlüsselrolle bei der Verteidigung wichtiger Städte wie Akkon, Antiochia und Tripolis. Ihre militärische Expertise und Entschlossenheit waren entscheidend für den Erhalt dieser strategisch wichtigen Orte und die Sicherstellung der Kontrolle über das Heilige Land.

Die Niederlage in der Schlacht von Hattin und der Verlust von Jerusalem

Ein dunkler Moment in der Geschichte der Tempelritter war die Niederlage in der Schlacht von Hattin im Jahr 1187, bei der die muslimischen Truppen unter der Führung von Saladin einen entscheidenden Sieg errangen. Dies führte zum Verlust von Jerusalem und anderen wichtigen Städten des Königreichs Jerusalem und stellte den Tempelritterorden vor eine ernsthafte Krise.

Der Fall von Akkon und das Ende der Kreuzzüge

Der endgültige Niedergang der Tempelritter wurde durch den Fall von Akkon im Jahr 1291 besiegelt, als die muslimischen Truppen die Stadt eroberten und damit das Ende der Kreuzzüge im Heiligen Land einläuteten. Dies markierte das Ende einer Ära und das Ende der direkten Präsenz der Tempelritter im Heiligen Land.

Das Erbe der Tempelritter in der Geschichte

Trotz ihres Niedergangs hinterließen die Tempelritter ein bleibendes Erbe in der Geschichte des Mittelalters. Ihr Mut, ihre Entschlossenheit und ihr Einsatz für den christlichen Glauben werden noch heute bewundert und ihr Orden wird als eine der faszinierendsten und legendärsten Institutionen des Mittelalters betrachtet.

Die Beziehungen der Tempelritter zu anderen Ritterorden und Mächten

Die Tempelritter waren nicht nur eine unabhängige Organisation, sondern standen auch in engen Beziehungen zu anderen Ritterorden und politischen Mächten ihrer Zeit. Diese Beziehungen waren entscheidend für ihre Aktivitäten im Heiligen Land und ihre Position in der politischen Landschaft des Mittelalters.

Allianzen mit anderen Ritterorden

Die Tempelritter pflegten enge Beziehungen zu anderen Ritterorden, darunter der Deutsche Orden, der Johanniterorden und der Orden von Montjoie. Diese Allianzen ermöglichten es den Templern, ihre Kräfte zu bündeln und gemeinsame Ziele zu verfolgen, insbesondere im Kampf gegen die muslimischen Truppen im Heiligen Land.

Die Zusammenarbeit mit weltlichen Herrschern

Die Tempelritter standen auch in engen Beziehungen zu weltlichen Herrschern, insbesondere zu den Königreichen und Fürstentümern Europas. Sie erhielten oft großzügige Spenden und Schenkungen von Adligen und Kirchenfürsten und wurden von vielen Herrschern als wichtige Verbündete in ihren politischen und militärischen Bemühungen angesehen.

Die Unterstützung der Kirche

Die Tempelritter genossen auch die Unterstützung und den Schutz der Kirche, insbesondere des Papstes. Papst Honorius II. bestätigte offiziell die Gründung des Ordens im Jahr 1129 und gewährte ihm besondere Privilegien und Schutzrechte. Diese päpstliche Anerkennung war entscheidend für die Legitimität und Autorität des Ordens.

Diplomatie und politische Arbeit

Die Tempelritter waren auch in diplomatischen und politischen Angelegenheiten aktiv und spielten eine wichtige Rolle bei der Vermittlung zwischen verschiedenen Mächten und Interessengruppen. Sie nutzten ihr Netzwerk von Kontakten und Allianzen, um ihre Ziele zu fördern und Konflikte zu lösen.

Das Erbe der Beziehungen der Tempelritter

Die Beziehungen der Tempelritter zu anderen Ritterorden und Mächten waren entscheidend für ihren Erfolg und ihre Fähigkeit, ihre Missionen im Heiligen Land erfolgreich durchzuführen. Ihr Engagement für Zusammenarbeit und Allianzen trug dazu bei, die christliche Präsenz im Heiligen Land zu erhalten und ihre Position als eine der mächtigsten und einflussreichsten Institutionen des Mittelalters zu stärken.

Der Tempelritterorden im Heiligen Land

Das Heilige Land war das zentrale Einsatzgebiet und die spirituelle Heimat der Tempelritter, wo sie ihre Mission der Verteidigung der Pilgerwege und der Unterstützung des christlichen Glaubens ausübten. In diesem Kapitel werden die Aktivitäten, Strukturen und Herausforderungen des Tempelritterordens im Heiligen Land beleuchtet.

Die Gründung von Niederlassungen

Bereits kurz nach ihrer Gründung im 12. Jahrhundert etablierten die Tempelritter Niederlassungen im Heiligen Land. Diese Niederlassungen, bekannt als Komtureien, dienten als Stützpunkte für die militärischen und administrativen Aktivitäten des Ordens. Sie waren oft strategisch günstig gelegen, um die Pilgerwege zu schützen und die Kontrolle über wichtige Gebiete zu gewährleisten.

Die Verteidigung der Pilgerwege

Eine der Hauptaufgaben der Tempelritter im Heiligen Land war die Verteidigung der Pilgerwege, die die Pilger auf ihren Reisen zu den heiligen Stätten benutzten. Die Tempelritter patrouillierten entlang dieser Routen, um die Pilger vor Überfällen und Angriffen zu schützen, und errichteten Befestigungen, um die Sicherheit zu gewährleisten.

Die Beteiligung an Schlachten und Belagerungen

Die Tempelritter waren auch in zahlreichen Schlachten und Belagerungen im Heiligen Land aktiv. Sie kämpften an vorderster Front und spielten eine entscheidende Rolle bei der Verteidigung christlicher Städte und Festungen gegen muslimische Angriffe. Ihre militärische Expertise und Tapferkeit trugen dazu bei, den christlichen Besitz im Heiligen Land zu erhalten.

Die Verwaltung und Organisation des Ordens

Die Verwaltung des Tempelritterordens im Heiligen Land war gut organisiert und effizient. Jede Komturei hatte einen Komtur, der für die Verwaltung der Güter und die Organisation der Ritter vor Ort verantwortlich war. Die Kommunikation zwischen den verschiedenen Niederlassungen wurde durch ein Netzwerk von Boten und Kurieren aufrechterhalten.

Die spirituelle Dimension

Neben ihren militärischen Aktivitäten hatten die Tempelritter auch eine starke spirituelle Dimension in ihrem Leben im Heiligen Land. Sie nahmen an religiösen Zeremonien und Gottesdiensten teil, beteten für den Erfolg ihrer Missionen und betrachteten sich als Krieger Gottes, die im Dienste des christlichen Glaubens standen.

Die Herausforderungen und das Vermächtnis

Der Tempelritterorden im Heiligen Land stand vor zahlreichen Herausforderungen, darunter Angriffe der muslimischen Truppen, interne Konflikte und politische Intrigen. Trotz dieser Hindernisse hinterließen die Tempelritter ein bleibendes Vermächtnis im Heiligen Land und trugen maßgeblich zur Geschichte und Kultur der Region bei.

Tempelritterburgen und ihre Bedeutung

Die Tempelritterburgen waren nicht nur militärische Befestigungen, sondern auch Symbole der Macht und des Einflusses des Tempelritterordens im Heiligen Land. In diesem Kapitel werden die Bedeutung, Architektur und Funktionen der Tempelritterburgen untersucht.

Die Errichtung von Befestigungen

Schon früh erkannten die Tempelritter die Notwendigkeit, ihre Niederlassungen im Heiligen Land zu befestigen, um sie vor Angriffen zu schützen. Sie begannen mit dem Bau von Burgen, Festungen und Wachtürmen an strategisch wichtigen Standorten entlang der Pilgerwege und in der Nähe von Städten und Dörfern.

Die Architektur der Burgen

Die Tempelritterburgen waren in der Regel massive Steinbauten mit dicken Mauern, Wehrtürmen und Zinnen. Sie wurden nach militärischen Gesichtspunkten entworfen und gebaut, um Angriffen standzuhalten und eine effektive Verteidigung zu ermöglichen. Viele Burgen waren auch mit Wassergräben, Zugbrücken und Fallgittern ausgestattet, um ihre Sicherheit zu erhöhen.

Die Funktionen der Burgen

Die Tempelritterburgen erfüllten eine Vielzahl von Funktionen im Heiligen Land. Sie dienten als militärische Stützpunkte, von denen aus die Tempelritter ihre Patrouillen entlang der Pilgerwege durchführten und die umliegenden Gebiete überwachten. Sie waren auch Verwaltungszentren, in denen die Verwaltung des Ordens organisiert wurde und wichtige Entscheidungen getroffen wurden.

Die Symbolik der Burgen

Die Tempelritterburgen waren nicht nur praktische Befestigungen, sondern auch Symbole der Macht und Autorität des Tempelritterordens. Sie demonstrierten die Stärke und den Einfluss des Ordens im Heiligen Land und dienten als Warnung an potenzielle Feinde.

Die Bedeutung für die Geschichte

Die Tempelritterburgen spielten eine entscheidende Rolle in der Geschichte des Heiligen Landes und der Kreuzzüge. Sie ermöglichten es den Tempelrittern, ihre Mission der Verteidigung der Pilgerwege und der Unterstützung des christlichen Glaubens effektiv auszuüben und trugen dazu bei, die christliche Präsenz im Heiligen Land zu erhalten.

Das Erbe der Tempelritterburgen

Obwohl viele Tempelritterburgen im Laufe der Zeit verfallen oder zerstört wurden, hinterlassen sie ein bleibendes Erbe als Zeugnis für die Geschichte und die Aktivitäten des Tempelritterordens im Heiligen Land. Ihre Überreste dienen heute oft als Touristenattraktionen und erinnern an die glorreiche, aber auch stürmische Vergangenheit der Tempelritter.

Der Niedergang der Tempelritter im 13. Jahrhundert

Das 13. Jahrhundert markierte eine Zeit des Niedergangs und der Krise für den Tempelritterorden, der einst eine der mächtigsten und einflussreichsten Institutionen des Mittelalters war. In diesem Kapitel werden die Ursachen, Ereignisse und Konsequenzen des Niedergangs der Tempelritter untersucht.

Interne Konflikte und Machtkämpfe

Eine der Hauptursachen für den Niedergang der Tempelritter waren interne Konflikte und Machtkämpfe innerhalb des Ordens. Rivalitäten zwischen verschiedenen Fraktionen innerhalb des Ordens führten zu Spannungen und Uneinigkeit, die die Einheit und Effizienz des Ordens untergruben.

Verluste im Heiligen Land

Der Tempelritterorden erlitt auch schwerwiegende Verluste im Heiligen Land während des 13. Jahrhunderts. Die Niederlage in der Schlacht von Hattin im Jahr 1187 und der Verlust von Jerusalem an Saladin im Jahr 1187 führten zu einem Rückzug der christlichen Kräfte und einer Verringerung der Macht und des Einflusses der Tempelritter im Heiligen Land.

Politische Intrigen und Anklagen

Die Tempelritter gerieten auch ins Visier politischer Intrigen und Anklagen seitens weltlicher Herrscher und der Kirche. Sie wurden beschuldigt, Ketzerei, Götzendienst und sexuelle Ausschweifungen zu praktizieren, was zu Untersuchungen, Verhören und schließlich zur Auflösung des Ordens führte.

Finanzielle Probleme und Schulden

Der Tempelritterorden litt unter finanziellen Problemen und Schulden, die seine Handlungsfähigkeit beeinträchtigten. Die Unterhaltung von Burgen, Niederlassungen und einem großen Netzwerk von Brüdern und Bediensteten erforderte erhebliche finanzielle Mittel, die der Orden oft nicht aufbringen konnte.

Die Auflösung des Ordens

Der Niedergang der Tempelritter erreichte seinen Höhepunkt mit der Auflösung des Ordens durch Papst Clemens V. im Jahr 1312. Die Anklagen gegen den Orden und die politischen Intrigen führten zu seiner Entmachtung und zur Konfiszierung seines Vermögens und Eigentums.

Das Erbe der Tempelritter

Obwohl der Tempelritterorden im 13. Jahrhundert zusammenbrach, hinterließ er ein bleibendes Erbe in der Geschichte und Kultur des Mittelalters. Die Tapferkeit, Entschlossenheit und Opferbereitschaft der Tempelritter werden noch heute bewundert, und ihr Orden wird als eine der faszinierendsten und legendärsten Institutionen des Mittelalters betrachtet.

Die Prozesse gegen die Tempelritter:

Anklagen und Folgen

Die Prozesse gegen die Tempelritter markieren einen düsteren Abschnitt in ihrer Geschichte und führen zu dramatischen Konsequenzen für den Orden und seine Mitglieder. Diese Anklagen und ihre Folgen werfen ein Licht auf die politischen Intrigen, religiösen Spannungen und Machtkämpfe des Mittelalters.

Die Anklagen gegen den Orden

Die Anklagen gegen die Tempelritter waren vielfältig und schwerwiegend. Sie reichten von Ketzerei und Götzendienst bis hin zu sexuellen Ausschweifungen und finanzieller Korruption. Die Vorwürfe wurden von Königen, Adligen und der Kirche erhoben, die den Orden als Bedrohung für ihre Macht und Autorität ansahen.

Die Untersuchungen und Verhöre

Die Anklagen führten zu intensiven Untersuchungen und Verhören der Tempelritter durch kirchliche und weltliche Behörden. Die Ritter wurden gefoltert und unter Druck gesetzt, Geständnisse abzulegen, die oft auf erfundenen oder erzwungenen Aussagen beruhten. Die Verhöre waren geprägt von Misstrauen, Angst und Verzweiflung.

Die Verurteilungen und Hinrichtungen

Trotz des Mangels an stichhaltigen Beweisen wurden viele Tempelritter verurteilt und hingerichtet. Sie wurden öffentlich verbrannt oder enthauptet, während andere lebenslange Haftstrafen erhielten oder inhaftiert wurden. Die Verurteilungen lösten Entsetzen und Empörung aus und führten zu einer tiefen Spaltung innerhalb der Gesellschaft.

Die Auflösung des Ordens

Die Prozesse gegen die Tempelritter führten schließlich zur Auflösung des Ordens durch Papst Clemens V. im Jahr 1312. Der Besitz und die Güter des Ordens wurden konfisziert, und seine Mitglieder wurden in andere Ritterorden integriert oder vertrieben. Die Auflösung des Ordens markierte das Ende einer Ära und das Ende der direkten Präsenz der Tempelritter im Heiligen Land.

Das Vermächtnis der Prozesse

Die Prozesse gegen die Tempelritter hinterließen ein bleibendes Vermächtnis in der Geschichte des Mittelalters. Sie zeigten die Fragilität der Macht und Autorität, selbst einer so mächtigen Institution wie des Tempelritterordens, und warnten vor den Gefahren von Intrigen und politischen Machenschaften. Die Prozesse gegen die Tempelritter bleiben ein dunkles Kapitel in der Geschichte der Kirche und des Mittelalters.

Tempelritter in der Populärkultur und Legendenbildung

Die Tempelritter haben seit ihrer Entstehung im 12. Jahrhundert eine faszinierende und mystische Aura umgeben, die bis heute in der Populärkultur und der Legendenbildung präsent ist.

Dieses Kapitel widmet sich der vielfältigen Darstellung der Tempelritter in Büchern, Filmen, Spielen und anderen Medien sowie den Legenden und Mythen, die um sie herum entstanden sind.

Romane und Literatur

Die Tempelritter sind ein beliebtes Thema in Romanen und literarischen Werken, die ihre Geschichte und Legenden aufgreifen. Autoren wie Umberto Eco (›Der Name der Rose‹), Dan Brown (›Sakrileg‹) und Michael Jecks (›The Last Templar‹) haben mit ihren Büchern das Interesse an den Tempelrittern wiederbelebt und neue Geschichten um sie herum geschaffen.

Filme und Fernsehen

Die Tempelritter sind auch in zahlreichen Filmen und Fernsehserien dargestellt worden, die ihre Abenteuer, Kämpfe und Geheimnisse erkunden. Bekannte Beispiele sind Filme wie

›Kingdom of Heaven‹ und ›The Da Vinci Code - Sakrileg‹ sowie Serien wie ›Knightfall‹, die das Leben der Tempelritter auf packende und dramatische Weise darstellen.

Videospiele und Spiele

Die Tempelritter sind auch ein beliebtes Thema in Videospielen und Spielen, die Spieler in die Welt der Kreuzzüge und Ritterorden eintauchen lassen. Spiele wie ›Assassin's Creed‹, ›Medieval II: Total War‹ und ›Stronghold Crusader‹ ermöglichen es den Spielern, die Rolle eines Tempelritters zu übernehmen und historische Schlachten und Ereignisse nachzuerleben.

Legenden und Mythen

Um die Tempelritter ranken sich zahlreiche Legenden und Mythen, die ihre geheimnisvolle und mystische Aura weiter verstärken. Geschichten über verlorene Schätze, verborgene Geheimnisse und mysteriöse Rituale haben die Fantasie vieler Menschen angeregt und zu Spekulationen über die wahre Natur und Geschichte der Tempelritter geführt.

Das Erbe der Populärkultur

Die Darstellung der Tempelritter in der Populärkultur hat ihr Erbe lebendig gehalten und dazu beigetragen, ihr Vermächtnis und ihre Geschichte einem breiten Publikum zugänglich zu machen. Obwohl viele Darstellungen von den historischen Tatsachen abweichen mögen, tragen sie dennoch dazu bei, das Interesse an den Tempelrittern und ihrem Erbe aufrechtzuerhalten.

Die historische Kontroverse um den Schatz der Tempelritter

Der Schatz der Tempelritter ist eines der faszinierendsten und umstrittensten Themen im Zusammenhang mit dem Orden. Über Jahrhunderte hinweg hat sich eine Vielzahl von Spekulationen, Theorien und Legenden um diesen vermeintlichen Reichtum gebildet, der angeblich von den Tempelrittern gehortet und dann versteckt wurde. In diesem Kapitel werden die verschiedenen Aspekte der historischen Kontroverse um den Schatz der Tempelritter untersucht.

Ursprung der Legende

Die Legende vom Schatz der Tempelritter geht auf die Auflösung des Ordens im 14. Jahrhundert zurück, als viele seiner Besitztümer und Güter beschlagnahmt wurden. Die Gerüchte über einen verborgenen Schatz entstanden wahrscheinlich als Reaktion auf die plötzliche und geheimnisvolle Verschwinden des Reichtums des Ordens.

Spekulationen und Theorien

Im Laufe der Jahrhunderte haben zahlreiche Spekulationen und Theorien über den Verbleib des Schatzes der Tempelritter die Runde gemacht. Einige glauben, dass der Schatz in einem geheimen Versteck in Europa oder im Heiligen Land vergraben liegt, während andere behaupten, dass er von den Tempelrittern in Sicherheit gebracht wurde und bis heute existiert.

Historische Beweise und Fakten

Bis heute gibt es jedoch keine konkreten historischen Beweise dafür, dass ein solcher Schatz tatsächlich existiert. Die meisten historischen Quellen und Dokumente schweigen sich über einen solchen Reichtum aus, und die einzigen Hinweise darauf stammen aus Legenden und Spekulationen.

Moderne Expeditionen und Suche

Trotz des Mangels an Beweisen haben einige moderne Schatzsucher und Abenteurer Expeditionen unternommen, um den vermeintlichen Schatz der Tempelritter zu finden. Diese Bemühungen haben jedoch bisher keine Ergebnisse erbracht, und der Schatz bleibt ein rätselhaftes und umstrittenes Thema.

Das Vermächtnis der Legende

Die Legende vom Schatz der Tempelritter hat bis heute nichts von ihrer Faszination und Anziehungskraft verloren. Sie spiegelt das Geheimnis und die Mystik wider, die mit den Tempelrittern verbunden sind, und regt die Fantasie von Menschen auf der ganzen Welt an. Ob der Schatz jemals gefunden wird oder nicht, bleibt eine offene Frage, die weiterhin Forscher und Schatzsucher gleichermaßen beschäftigt.

Die Wiederentdeckung der Tempelritter

im 19. Jahrhundert

Das 19. Jahrhundert markierte eine Zeit der Romantik und des Interesses an Geschichte und Mystik, die zur Wiederentdeckung der Tempelritter und ihrer Legenden führte. In diesem Kapitel werden die verschiedenen Aspekte dieser Wiederentdeckung untersucht und wie sie das Bild der Tempelritter in der modernen Zeit geprägt haben.

Die Romantik und das Interesse an Geschichte

Im 19. Jahrhundert erlebte Europa eine Blütezeit der Romantik, die von einem gesteigerten Interesse an Geschichte, Kultur und Mystik geprägt war. Die Tempelritter, als eine der faszinierendsten und geheimnisvollsten Gruppen des Mittelalters, fanden in dieser Zeit eine neue Wertschätzung und Aufmerksamkeit.

Literarische Werke und Historiker

Viele bedeutende Schriftsteller und Historiker des 19. Jahrhunderts widmeten sich den Tempelrittern in ihren Werken und Forschungen. Autoren wie Sir Walter Scott (›Ivanhoe‹) und Alexandre Dumas (›Die Tempelritter‹) schufen fesselnde Geschichten und Romane über die Tempelritter, die das Interesse der Leser weckten.

Archäologische Entdeckungen und Ausgrabungen

Im Laufe des 19. Jahrhunderts wurden auch wichtige archäologische Entdeckungen und Ausgrabungen im Zusammenhang mit den Tempelrittern gemacht. Ruinen von Tempelritterburgen und Niederlassungen wurden entdeckt und erforscht, was zu einem besseren Verständnis ihrer Geschichte und ihrer Bedeutung führte.

Geheimbünde und Verschwörungstheorien

Die Wiederentdeckung der Tempelritter weckte auch das Interesse an Geheimbünden und Verschwörungstheorien, die behaupteten, dass die Tempelritter über Jahrhunderte hinweg im Verborgenen weiterlebten und Einfluss auf die Weltgeschichte hatten. Diese Theorien trugen zur Mythologisierung der Tempelritter bei und beeinflussten ihr Bild in der Populärkultur.

Das Erbe der Wiederentdeckung

Die Wiederentdeckung der Tempelritter im 19. Jahrhundert hinterließ ein bleibendes Erbe, das bis heute spürbar ist. Ihr Bild wurde von Romantikern, Schriftstellern und Historikern geprägt, die ihre Geschichte und Legenden neu interpretierten und popularisierten. Die Tempelritter wurden zu Symbolen für Tapferkeit, Ehre und Geheimnis, die bis heute die Fantasie von Menschen auf der ganzen Welt fesseln.

Tempelrittermythen im 20. Jahrhundert

Das 20. Jahrhundert war geprägt von einem anhaltenden Interesse an den Tempelrittern und einer starken Präsenz ihrer Mythen und Legenden in der Populärkultur. In diesem Kapitel werden die verschiedenen Tempelrittermythen untersucht, die im Verlauf des 20. Jahrhunderts entstanden sind und wie sie das Bild der Tempelritter in der modernen Zeit geprägt haben.

Hollywood und die Tempelritter

Eine der bedeutendsten Einflüsse auf die Verbreitung von Tempelrittermythen im 20. Jahrhundert war die Hollywood-Filmindustrie. Filme wie ›Indiana Jones und der letzte Kreuzzug‹ und ›Der Schatz der Tempelritter‹ trugen dazu bei, die Legenden um die Tempelritter zu popularisieren und ein breites Publikum anzusprechen.

Literatur und Romane

Auch in der Literatur des 20. Jahrhunderts waren die Tempelritter ein beliebtes Thema. Autoren wie Umberto Eco (›Foucaultsches Pendel‹) und Steve Berry (›Das Vermächtnis der Tempelritter‹) schufen fesselnde Romane, die auf Tempelrittermythen und Verschwörungstheorien basierten und das Interesse der Leser weckten.

Verschwörungstheorien und Geheimbünde

Im Laufe des 20. Jahrhunderts entstanden zahlreiche Verschwörungstheorien und Spekulationen über die Tempelritter, die behaupteten, dass der Orden über Jahrhunderte hinweg im Verborgenen weiterexistierte und einen großen Einfluss auf die Weltgeschichte hatte. Diese Theorien wurden in Büchern, Filmen und Dokumentationen verbreitet und trugen zur Mythologisierung der Tempelritter bei.

Popkultur und Unterhaltung

Die Tempelritter wurden zu einem festen Bestandteil der Popkultur und der Unterhaltungsindustrie im 20. Jahrhundert. Sie erschienen in Comics, Videospielen, Fernsehserien und anderen Medien, die ihr Image als faszinierende und geheimnisvolle Gruppe weiter festigten und dazu beitrugen, ihre Legenden lebendig zu halten.

Das Erbe der Tempelrittermythen

Die Tempelrittermythen des 20. Jahrhunderts haben bis heute nichts von ihrer Faszination und Anziehungskraft verloren. Sie spiegeln das anhaltende Interesse der Menschen an Geschichte, Mystik und Abenteuer wider und tragen dazu bei, die Legenden der Tempelritter für zukünftige Generationen am Leben zu erhalten.

Moderne Organisationen und Aktivitäten, die sich auf die Tempelritter beziehen

Im modernen Zeitalter haben sich verschiedene Organisationen und Aktivitäten gebildet, die sich auf die Tempelritter beziehen und ihr Erbe auf unterschiedliche Weise weitertragen.

Dieses Kapitel untersucht die Vielfalt dieser Organisationen und Aktivitäten sowie ihre Bedeutung für das Verständnis und die Bewahrung des Erbes der Tempelritter.

Tempelritterorden und Bruderschaften

Eine der offensichtlichsten Formen moderner Organisationen, die sich auf die Tempelritter beziehen, sind neu gegründete Tempelritterorden und Bruderschaften. Diese Gruppen, die oft historische Rituale und Traditionen der Tempelritter nachahmen, haben sich weltweit etabliert und ziehen Menschen an, die sich mit den Idealen und Werten der Tempelritter identifizieren.

Historische Reenactment-Gruppen

Historische Reenactment-Gruppen spielen eine wichtige Rolle bei der Vermittlung der Geschichte der Tempelritter durch lebendige Darstellungen vergangener Ereignisse und Schlachten. Diese Gruppen organisieren Veranstaltungen, Lager und

Vorführungen, die das Leben und die Kultur der Tempelritter für ein breites Publikum zum Leben erwecken.

Forschungs- und Bildungsinitiativen

Verschiedene Forschungs- und Bildungsinitiativen widmen sich der Erforschung und Aufklärung über die Geschichte und das Erbe der Tempelritter. Historiker, Archäologen und Akademiker arbeiten zusammen, um neue Erkenntnisse über die Tempelritter zu gewinnen und sie einem breiten Publikum zugänglich zu machen.

Tourismus und Pilgerreisen

Tourismus- und Pilgerreisen zu Tempelritterstätten im Heiligen Land und in Europa sind eine weitere Möglichkeit, sich mit dem Erbe der Tempelritter zu beschäftigen. Besucher können Burgen, Kirchen und andere historische Stätten besichtigen, die mit den Tempelrittern verbunden sind, und mehr über ihre Geschichte und Bedeutung erfahren.

Popkultur und Unterhaltung

Auch in der Popkultur und Unterhaltungsindustrie finden sich zahlreiche Referenzen und Anspielungen auf die Tempelritter. Filme, Bücher, Spiele und andere Medien nutzen das Bild der Tempelritter, um spannende Geschichten zu erzählen und das Interesse an ihrer Geschichte und ihrem Erbe zu wecken.

Das Vermächtnis der Tempelritter in der Moderne

Die Vielfalt moderner Organisationen und Aktivitäten, die sich auf die Tempelritter beziehen, trägt dazu bei, ihr Erbe lebendig zu halten und für zukünftige Generationen zu bewahren. Durch ihre Bemühungen wird die Geschichte und das Vermächtnis der Tempelritter in der modernen Welt weitergetragen und geschätzt.

Tempelritter im zeitgenössischen Diskurs und in Verschwörungstheorien

Die Tempelritter bleiben auch im zeitgenössischen Diskurs ein faszinierendes und umstrittenes Thema, das eine Vielzahl von Meinungen, Interpretationen und Spekulationen hervorruft. In diesem Kapitel werden die verschiedenen Aspekte beleuchtet, wie die Tempelritter in aktuellen Diskussionen und Verschwörungstheorien präsent sind.

Historische Rezeption und Interpretation

Im zeitgenössischen Diskurs werden die Tempelritter oft als Symbol für Tapferkeit, Ehre und Opferbereitschaft betrachtet. Sie werden als wichtige Akteure in den Kreuzzügen und als Hüter des christlichen Glaubens angesehen. Ihre Geschichte wird sowohl von Historikern als auch von der breiten Öffentlichkeit studiert und interpretiert.

Popkultur und Medienpräsenz

Die Tempelritter sind auch in der Popkultur und den Medien präsent, wo sie oft als Helden oder Schurken dargestellt werden. Filme, Bücher, Spiele und Fernsehserien nutzen das Bild der Tempelritter, um spannende Geschichten zu erzählen und das Interesse des Publikums zu wecken. Diese Darstellungen können von historisch akkurat bis stark fiktional variieren.

Verschwörungstheorien und Geheimbünde

Gleichzeitig sind die Tempelritter auch ein beliebtes Thema in Verschwörungstheorien und Spekulationen über geheime Gesellschaften und Mächte, die im Verborgenen die Welt lenken sollen. Verschwörungstheoretiker behaupten oft, dass die Tempelritter über Jahrhunderte hinweg im Geheimen weiterexistierten und Einfluss auf die Weltpolitik ausübten.

Esoterik und Okkultismus

Die Tempelritter sind auch im Bereich der Esoterik und des Okkultismus von Bedeutung, wo sie oft als Träger geheimer Weisheiten und Mysterien betrachtet werden. Esoterische Gruppen und Orden beziehen sich auf die Tempelritter als Quelle spiritueller Erkenntnis und initiatischer Traditionen.

Das Erbe der Tempelritter in der Moderne

Insgesamt bleiben die Tempelritter ein faszinierendes und vielschichtiges Thema, das sowohl in historischer als auch in zeitgenössischer Hinsicht betrachtet werden kann. Ihr Erbe lebt in verschiedenen Bereichen der Gesellschaft weiter und beeinflusst weiterhin den zeitgenössischen Diskurs und die Vorstellungen über Geschichte, Religion und Geheimnisse.

Tempelritter im zeitgenössischen Diskurs und in Verschwörungstheorien

Die Tempelritter sind ein faszinierendes und kontroverses Thema, das im zeitgenössischen Diskurs eine Vielzahl von Interpretationen und Spekulationen hervorruft. Während sie oft als symbolische Figuren der Tapferkeit und des Heldentums betrachtet werden, sind sie auch ein beliebtes Ziel für Verschwörungstheorien und Spekulationen über geheime Mächte und Einflüsse.

Dieses Kapitel untersucht die verschiedenen Facetten des zeitgenössischen Diskurses über die Tempelritter und ihre Rolle in Verschwörungstheorien.

Historische Rezeption und Interpretation

Im zeitgenössischen Diskurs werden die Tempelritter oft als wichtige Figuren der Kreuzzüge betrachtet, die tapfer für den christlichen Glauben kämpften. Ihre Geschichte wird von Historikern und der breiten Öffentlichkeit gleichermaßen studiert und interpretiert, wobei verschiedene Aspekte ihres Lebens und ihrer Taten hervorgehoben werden.

Popkultur und Medienpräsenz

Die Tempelritter sind auch in der Popkultur und den Medien stark präsent, wo sie oft als faszinierende und geheimnisvolle Figuren dargestellt werden. Filme, Bücher, Spiele und Fernsehserien nutzen das Bild der Tempelritter, um spannende Geschichten zu erzählen und das Interesse des Publikums zu wecken. Diese Darstellungen reichen von historisch akkurat bis stark fiktional.

Verschwörungstheorien und Geheimbünde

Ein beträchtlicher Teil des zeitgenössischen Diskurses über die Tempelritter befasst sich mit Verschwörungstheorien und Spekulationen über geheime Organisationen und Mächte. Einige behaupten, dass die Tempelritter über Jahrhunderte hinweg im Geheimen weiterexistierten und einen Einfluss auf die Weltgeschichte hatten, während andere Theorien von verborgenen Schätzen und geheimen Riten sprechen.

Esoterik und Okkultismus

Die Tempelritter haben auch eine starke Präsenz im Bereich der Esoterik und des Okkultismus, wo sie oft als Träger geheimer Weisheiten und Mysterien betrachtet werden. Esoterische Gruppen und Orden beziehen sich auf die Tempelritter als Quelle spiritueller Erkenntnis und initiatischer Traditionen, die bis in die moderne Zeit weiterleben.

Das Erbe der Tempelritter in der Moderne

Insgesamt bleiben die Tempelritter ein faszinierendes und vielschichtiges Thema, das verschiedene Bereiche der Gesellschaft beeinflusst und weiterhin Gegenstand von Diskussionen, Interpretationen und Spekulationen ist. Ihr Erbe lebt in der modernen Welt weiter und prägt weiterhin die Vorstellungen über Geschichte, Religion und Geheimnisse.

Die Bedeutung der Tempelritter in der historischen Forschung

Die Tempelritter sind eine der faszinierendsten und kontrovers diskutierten Gruppen des Mittelalters, und ihre Bedeutung in der historischen Forschung ist von großer Relevanz.

Dieses Kapitel untersucht die verschiedenen Aspekte, wie die Tempelritter in der historischen Forschung betrachtet werden und welchen Beitrag sie zur Erweiterung unseres Verständnisses des Mittelalters leisten.

Quellen und Dokumente

Eine der wichtigsten Aufgaben der historischen Forschung über die Tempelritter besteht darin, die verfügbaren Quellen und Dokumente zu analysieren und zu interpretieren. Dazu gehören Urkunden, Chroniken, Berichte von Zeitzeugen und archäologische Funde, die Einblicke in das Leben und die Taten der Tempelritter geben.

Soziale und politische Strukturen

Die Erforschung der sozialen und politischen Strukturen des Templerordens ist ein weiterer wichtiger Bereich der historischen Forschung. Historiker untersuchen die Organisation des Ordens, seine Hierarchie, seine Beziehungen zu anderen Institutionen und die Rolle, die er in der mittelalterlichen Gesellschaft spielte.

Wirtschaftliche und militärische Aktivitäten

Ein weiterer Schwerpunkt der historischen Forschung liegt auf den wirtschaftlichen und militärischen Aktivitäten der Tempelritter. Historiker analysieren ihre Ländereien, ihre Einkommensquellen, ihre Handelsbeziehungen und ihre Teilnahme an den Kreuzzügen, um ein umfassendes Bild von ihrer Rolle im Mittelalter zu zeichnen.

Religiöse und spirituelle Dimension

Die religiöse und spirituelle Dimension des Templerordens ist ebenfalls Gegenstand intensiver Forschung. Historiker untersuchen ihre Glaubenspraktiken, ihre Beziehung zur Kirche und ihre spirituellen Überzeugungen, um zu verstehen, wie diese Aspekte ihr Leben und ihre Taten beeinflussten.

Mythen und Legenden

Schließlich erforschen Historiker auch die Mythen und Legenden, die die Tempelritter umgeben, und unterscheiden zwischen historischen Fakten und fiktionalen Darstellungen. Sie analysieren, wie diese Mythen entstanden sind und welche Auswirkungen sie auf das Verständnis der Tempelritter in der heutigen Zeit haben.

Das Erbe der historischen Forschung

Die historische Forschung über die Tempelritter trägt dazu bei, ihr Erbe zu bewahren und unser Verständnis des Mittelalters zu erweitern. Indem sie die Vergangenheit erforschen und analysieren, helfen Historiker dabei, die Bedeutung der Tempelritter in der Geschichte zu würdigen und ihre Rolle im kollektiven Gedächtnis zu bewahren.

Tempelritterarchitektur und ihre Erhaltung

Die Architektur der Tempelritter ist ein wichtiger Bestandteil ihres Erbes und spiegelt ihre Bedeutung und ihren Einfluss im Mittelalter wider.

Dieses Kapitel untersucht die verschiedenen Aspekte der Tempelritterarchitektur und die Bemühungen um ihre Erhaltung und Restaurierung.

Bauwerke und Festungen

Die Tempelritter errichteten im Laufe ihrer Geschichte eine Vielzahl von Bauwerken und Festungen in Europa und im Heiligen Land. Diese umfassen Kirchen, Klöster, Burgen, Befestigungsanlagen und andere Gebäude, die ihre militärischen, religiösen und wirtschaftlichen Aktivitäten unterstützten.

Architektonische Merkmale

Die Architektur der Tempelritter zeichnet sich durch bestimmte architektonische Merkmale aus, die charakteristisch für ihre Zeit und ihren Zweck sind. Dazu gehören massive Steinmauern, Zinnen, Türme, Kapellen mit gotischen Fenstern und Kreuzgänge, die sowohl praktische als auch symbolische Funktionen erfüllten.

Erhaltung und Restaurierung

Die Erhaltung und Restaurierung der Tempelritterarchitektur ist eine wichtige Aufgabe für Denkmalschützer und Historiker. Durch die Restaurierung von Tempelritterburgen, Kirchen und anderen Gebäuden wird nicht nur ihr historisches Erbe bewahrt, sondern auch ihr kultureller und touristischer Wert für zukünftige Generationen erhalten.

Herausforderungen und Probleme

Die Erhaltung der Tempelritterarchitektur ist jedoch mit verschiedenen Herausforderungen und Problemen verbunden. Dazu gehören finanzielle Engpässe, Vernachlässigung, Umweltschäden und der Verlust historischer Substanz durch natürliche Alterung und menschliche Einflüsse.

Internationale Zusammenarbeit und Projekte

Um diese Herausforderungen zu bewältigen, arbeiten Denkmalschützer, Historiker und Regierungen auf internationaler Ebene zusammen, um gemeinsame Projekte zur Erhaltung und Restaurierung der Tempelritterarchitektur durchzuführen. Durch diese Bemühungen wird sichergestellt, dass dieses bedeutende Erbe für zukünftige Generationen bewahrt bleibt.

Bedeutung für die Kulturgeschichte

Die Erhaltung der Tempelritterarchitektur ist nicht nur aus historischer, sondern auch aus kulturgeschichtlicher Sicht von großer Bedeutung. Diese Bauwerke sind Zeugnisse der mittelalterlichen Geschichte, Kultur und Lebensweise und tragen dazu bei, unser Verständnis dieser Epoche zu vertiefen und zu erweitern. Ihre Erhaltung ist daher ein wichtiges Anliegen für die Bewahrung des kulturellen Erbes der Menschheit.

Die Rolle der Tempelritter im kulturellen Gedächtnis

Die Tempelritter haben im Laufe der Geschichte eine tiefgreifende und bleibende Spur im kulturellen Gedächtnis hinterlassen. Ihr Erbe erstreckt sich über Jahrhunderte und durchdringt verschiedene Bereiche der Kultur, von der Literatur über die Kunst bis hin zu Symbolen und Traditionen.

Dieses Kapitel widmet sich der Bedeutung der Tempelritter im kulturellen Gedächtnis und untersucht ihre vielfältigen Auswirkungen auf die Gesellschaft.

Literatur und Mythologie

Die Tempelritter sind ein fester Bestandteil der Literatur und Mythologie und erscheinen in zahlreichen Werken als heroische Figuren oder geheimnisvolle Gestalten. Romane, Gedichte und historische Abhandlungen haben das Bild der Tempelritter geprägt und zu ihrem mythologischen Status beigetragen.

Kunst und Darstellungen

Die Tempelritter sind auch ein beliebtes Motiv in der Kunstgeschichte und wurden in Gemälden, Skulpturen und anderen künstlerischen Medien verewigt. Ihre charakteristische Kleidung, Wappen und Symbole wurden wiederholt dargestellt und haben die visuelle Vorstellung der Tempelritter geprägt.

Symbole und Traditionen

Die Symbole und Traditionen der Tempelritter haben eine dauerhafte Präsenz im kulturellen Gedächtnis hinterlassen und werden oft als Ausdruck von Tapferkeit, Ehre und Geheimnis interpretiert. Ihre berühmten Wappen, wie das rote Kreuz auf weißem Grund, sind weltweit bekannt und werden oft als Zeichen der Ritterlichkeit und des Glaubens betrachtet.

Erbe und Nachwirkungen

Das Erbe der Tempelritter erstreckt sich auch auf moderne Organisationen, Bruderschaften und Vereine, die sich auf ihre Traditionen und Werte berufen. Diese Gruppen tragen dazu bei, das Erbe der Tempelritter lebendig zu halten und ihre Bedeutung im kulturellen Gedächtnis zu bewahren.

Diskussion und Interpretation

Die Rolle der Tempelritter im kulturellen Gedächtnis wird kontinuierlich diskutiert und interpretiert, wobei verschiedene Perspektiven und Meinungen zum Ausdruck kommen. Ihre Geschichte und ihr Erbe werden sowohl verehrt als auch kritisch hinterfragt, was zu einem vielschichtigen Bild ihrer Bedeutung in der Kultur führt.

Zusammenfassung

Insgesamt haben die Tempelritter eine bedeutende Rolle im kulturellen Gedächtnis gespielt und ihre Präsenz ist auch in der modernen Zeit noch spürbar. Ihr Erbe ist ein integraler Bestandteil der kulturellen Identität vieler Gesellschaften und wird auch in Zukunft weiterhin diskutiert, interpretiert und gefeiert werden.

Aktuelle Erkenntnisse und Forschungsperspektiven zu den Tempelrittern

Die Erforschung der Tempelritter ist ein fortwährender Prozess, der ständig neue Erkenntnisse und Perspektiven hervorbringt. In diesem Kapitel werden die aktuellen Erkenntnisse und Forschungsperspektiven zu den Tempelrittern untersucht, wobei sowohl etablierte Fakten als auch neue Entdeckungen berücksichtigt werden.

Archäologische Entdeckungen

In den letzten Jahren haben archäologische Ausgrabungen neue Einblicke in das Leben und die Aktivitäten der Tempelritter geliefert. Neue Funde von Tempelritterburgen, Klöstern und anderen Gebäuden haben unser Verständnis ihrer Architektur, Lebensweise und Geschichte erweitert.

Dokumentenanalyse und Quellenkritik

Die Analyse von Dokumenten und Quellen aus der Zeit der Tempelritter ist nach wie vor ein wichtiger Bestandteil der Forschung. Historiker und Archivare untersuchen weiterhin Urkunden, Chroniken und andere historische Dokumente, um neue Informationen über die Tempelritter zu gewinnen und bestehende Annahmen zu überprüfen.

Interdisziplinäre Ansätze

Die Erforschung der Tempelritter profitiert zunehmend von interdisziplinären Ansätzen, die verschiedene wissenschaftliche Disziplinen miteinander verbinden. Historiker arbeiten mit Archäologen, Kunstgeschichtlern, Anthropologen und anderen Fachleuten zusammen, um ein umfassendes Bild der Tempelritter und ihrer Zeit zu zeichnen.

Digitale Technologien und Datenanalyse

Der Einsatz digitaler Technologien und Datenanalysemethoden hat die Tempelritterforschung revolutioniert. Durch die digitale Rekonstruktion von historischen Stätten, die Analyse von Big Data und die Anwendung von GIS-Technologien können Forscher neue Erkenntnisse über die Geografie, Logistik und Organisation der Tempelritter gewinnen.

Neue Fragestellungen und Debatten

Aktuelle Erkenntnisse und Forschungsperspektiven zu den Tempelrittern werfen auch neue Fragestellungen und Debatten auf. Themen wie die Rolle der Tempelritter in den Kreuzzügen, ihre Beziehung zur Kirche und zu anderen Ritterorden sowie ihr Einfluss auf die mittelalterliche Gesellschaft werden kontinuierlich diskutiert und untersucht.

Zukünftige Herausforderungen und Chancen

Die Tempelritterforschung steht vor zukünftigen Herausforderungen und Chancen, darunter die Weiterentwicklung von Forschungsmethoden, die Entdeckung neuer Quellen und die Zusammenarbeit mit internationalen Forschungsteams. Durch die Fortsetzung dieser Bemühungen werden wir unser Verständnis der Tempelritter und ihrer Bedeutung für die Geschichte weiter vertiefen können.

Über den Autor

 Lutz Spilker wurde im Jahre 1955 in Duisburg geboren.

Bevor er zum Schreiben von Romanen und Dokumentationen fand, verließen bisher unzählige Kurzgeschichten, Kolumnen und Versdichtungen seine Feder.

In seinen Büchern befasst er sich vorrangig mit dem menschlichen Bewusstsein und der damit verbundenen Wahrnehmung. Seine Grenzen sind nicht die, welche mit der Endlichkeit des Denkens, des Handelns und des Lebens begrenzt werden, sondern jene, die der empirischen Denkform noch nicht unterliegen.

Es sind die Möglichkeiten des Machbaren, die Dinge, welche sich allein in der Vorstellung eines jeden Menschen darstellen und aufgrund der Flüchtigkeit des Geistes unbewiesen bleiben. Die Erkenntnis besitzt ihre Gültigkeit lediglich bis zur Erlangung einer neuen und die passiert zu jeder weiteren Sekunde.

Die Welt von Lutz Spilker beginnt dort, wo zu Beginn allen Seins nichts Fassbares war, als leerer Raum. Kein Vorne, kein Hinten, kein Oben und kein Unten. Kein Glaube, kein Wissen, keine Moral, keine Gesetze und keine Grenzen. Nichts.

In Lutz Spilkers Romanen passieren heimtückische Morde ebenso wie die Zauber eines Märchens. Seine Bücher sind oftmals Thriller, Krimi, Abenteuer, Science Fiction, Fantasy und selbst Love-Story in einem.

»Ich liebe die Sprache: Sie vermag zu streicheln, zu liebkosen und zu Tränen zu rühren. Doch sie kann ebenso stachelig sein, wie der Dorn einer Rose und mit nur einem Hieb zerschmettern.«

In dieser Reihe sind bisher erschienen

Die Erfindung der Langeweile
Die Erfindung des Menschen
Die Erfindung des Geldes
Die Erfindung des Teufels
Die Erfindung des Erfolgs
Die Erfindung der Sterblichkeit
Die Erfindung der Lüge
Die Erfindung der Freiheit
Die Erfindung des Todes
Die Erfindung der Welt
Die Erfindung des Inselmenschen
Die Erfindung der Zeit
Die Erfindung der Seele
Die Erfindung der Politik
Die Erfindung des Gewissens
Die Erfindung der Religion
Die Erfindung der Schuld
Die Erfindung der Gerechtigkeit
Die Erfindung des Friedens
Die Erfindung des Selbstgesprächs
Die Erfindung der Zukunft
Die Erfindung der Pornographie
Die Erfindung der Verschwendung
Die Erfindung des Erwachsenseins
Die Erfindung der Hölle
Die Erfindung der Überbevölkerung
Die Erfindung des Himmels
Die Erfindung der Monarchie
Die Erfindung der Unterhaltung
Die Erfindung der Sprache

Die Erfindung der Musik
Die Erfindung der Wiedergeburt
Die Erfindug des Zufalls
Die Erfindug der Namen
Die Erfindug des Bewusstseins
Die Erfindung des freien Willens
Die Erfindung des Wahrsagens
Die Erfindug der Körpersprache
Die Erfindug des Schlafs
Die Erfindung der Sklaverei
Die Erfindung der Angst
Die Erfindung der Vernunft
Die Erfindug des Vollmonds
Die Erfindug des Vitamin B
Die Erfindug des Make-Up
Die Erfindug des Weihnachtsfestes
Die Erfindung des Ku-Klux-Klan
Die Erfindung des Träumens
Die Erfindung der Flaschenpost
Die Erfindung der Mafia
Die Erfindung der Freimaurer
Die Erfindung der Freibeuter
Die Erfindung der Raumfahrt
Die Erfindung der Tempelritter
Die Erfindung des ADHS-Syndroms
Die Erfindung der Homöopathie
Die Erfindung der Freizeitparks

FSC
www.fsc.org
MIX
Papier | Fördert
gute Waldnutzung
FSC® C083411

Zeitfracht Medien GmbH
Ferdinand-Jühlke-Straße 7
99095 Erfurt, Deutschland
produktsicherheit@kolibri360.de